MI PROPIA DEFINICIÓN
DE ÉXITO

EL ÉXITO NO ES LO MISMO PARA TODOS
(Y DEFINITIVAMENTE NO ES LO QUE NOS VENDE LA PUBLICIDAD).
¿PARA TI, QUÉ ES EL ÉXITO? E̶_ _ _ _ _ _ _ _ _ _ _ _ _ _ _ _ _ _ _n.

ÉXITO:

_____

_____

_____

_____

_____ .

INTENTA INICIAR TU DEFINICIÓN CON UN VERBO

¡BIEN HECHO!

Ahora tienes un panorama más claro acerca de qué es lo importante para ti. El conjunto de todo lo que escribiste en los ejercicios representa los aspectos de tu vida en los cuales debes enfocarte para vivir con más sentido. Esto no hará tu vida más fácil, pero sí más simple y más significativa.

¿QUÉ ES LO VERDADERAMENTE IMPORTANTE?

*NUNCA DEJES DE HACERTE ESTA PREGUNTA.

Una vida simple no se construye de la noche a la mañana. Identificar lo importante es el primer paso, pero lo que realmente nos ayuda a diseñar la vida que queremos es empezar a tomar decisiones.

Simplificamos nuestra vida cuando decidimos en función de lo que es trascendente, cuando eliminamos aquello que no nos ayuda a avanzar y en su lugar hacemos espacio para lo que realmente nos llena de felicidad. Esa felicidad que no se encuentra en los centros comerciales.

El resto de este libro es una guía que te ayudará a tomar las decisiones necesarias para aligerar tu vida. Ya sabes qué es lo importante, ahora es tiempo de deshacerte de todo lo demás.

«LENTAMENTE ELIMINA COSAS HASTA QUEDARTE ÚNICAMENTE CON LO QUE AMAS, CON LO QUE ES NECESARIO, CON LO QUE TE HACE FELIZ.»

LEO BABAUTA

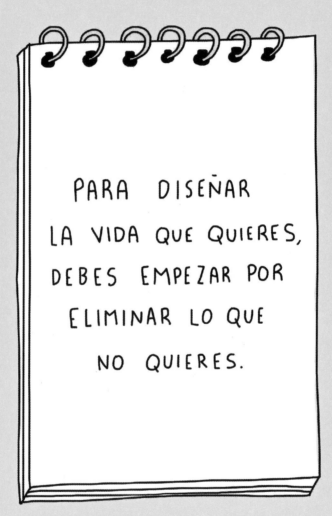

CAPÍTULO 2

DEPURA TUS PERTENENCIAS

SI NO TE SIRVE, ES UN ESTORBO

Es probable que a lo largo de tu vida hayas acumulado cosas que no tiene ningún sentido conservar. Cosas que nunca usas, cosas que no necesitas, cosas que ni siquiera te gustan, cosas que guardas por si acaso. Cosas que simplemente están ahí, empolvadas, robándote espacio.

Todas esas pertenencias tienen un enorme peso en tu vida. Un peso del que no eres consciente hasta que te liberas de él (te lo digo por experiencia propia). Cada objeto que guardas, desde ese libro que nunca terminaste de leer, hasta ese aparato que llevas años sin usar, ocupa un espacio físico y mental que te distrae de enfocarte en lo importante.

Piensa en todas las cosas que posees y pregúntate: ¿Cuáles necesitas realmente? ¿Cuáles tienen un verdadero propósito de estar ahí? ¿Cuáles le agregan valor a tu vida?

Para mí, la respuesta es muy clara: si no te sirve, es un estorbo.

¡ES MOMENTO DE LIBERARTE DE ÉL!

«NO TENGAS EN TU CASA NADA QUE NO CONSIDERES ÚTIL O HERMOSO.»

WILLIAM MORRIS

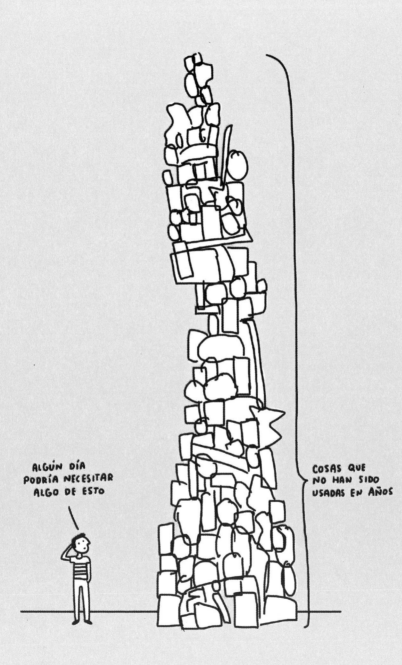

ESPACIO PARA LO IMPORTANTE

¿Cómo te sentirías si vivieras únicamente con las cosas que realmente necesitas y te gustan? ¿Cómo se verían tus espacios si te deshicieras de todo aquello que no usas ni usarás jamás? ¿Cómo sería tu vida con menos pertenencias?

Quizá tendrías menos cosas que cuidar, limpiar y organizar. Quizá vivirías con más orden y tranquilidad. Quizá tendrías más belleza a tu alrededor; una luz más linda entrando a tu recámara y un aire más puro corriendo por los pasillos de tu casa.

A lo mejor tendrías más espacio para ti, para tus seres queridos y para las cosas que realmente disfrutas. Más espacio para cocinar con calma, para leer un buen libro, para escuchar música en una sala simple y acogedora.

Detente un momento, echa un vistazo al lugar donde vives y pregúntate: ¿Cómo sería mi vida si en lugar de llenar cada rincón con pertenencias innecesarias, hiciera espacio para lo importante?

ALGUNOS PROBLEMAS
DE TENER EXCESO DE PERTENENCIAS

SATURACIÓN

DESORDEN

SENSACIÓN
DE PESADEZ

NO SABES LO
QUE TIENES

NECESITAS MUCHO
ESPACIO PARA VIVIR

CREES QUE NECESITAS
TODO ESO

DEPURA

Una buena manera de empezar a vivir ligero es depurar tus pertenencias. Esto no significa que debas quedarte únicamente con dos cambios de ropa, un plato y una cuchara. Se trata de evaluar el porqué de las cosas que tienes, quedarte con las que realmente suman valor a tu vida y dejar ir todo lo demás.

Eliminar pertenencias innecesarias puede ayudarte a:

- Hacer espacio para lo importante.
- Vivir con libertad y ligereza.
- Tener menos ruido visual y más claridad mental.
- Mantener tus espacios limpios y organizados sin esforzarte demasiado.
- Darte cuenta de lo poco que necesitas para vivir cómodamente.
- Descubrir que tal vez no es necesario seguir comprando más cosas.

¿TE ATREVES A INTENTARLO?

DEPURAR ES CUESTIONARTE
EL "PARA QUÉ"
DE CADA PERTENENCIA.
DEJAR IR LAS QUE NO
SUMAN VALOR A TU VIDA
Y QUEDARTE SÓLO CON LAS QUE
TIENE SENTIDO CONSERVAR.

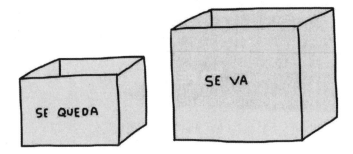

ADVERTENCIA

Antes de que empieces a depurar,
es necesario que sepas lo siguiente:

TOMA TIEMPO

Es imposible depurar en un día lo que te tomó
años acumular. Sé paciente. Hazlo poco a poco.

REQUIERE ESFUERZO

Esfuerzo físico, pero sobre todo mental,
pues deberás tomar muchas decisiones.
Hazlo con calma.

ES RETADOR

Aprenderás a confrontarte. Esto puede ser difícil,
pero ya verás que es de gran valor.
Disfruta el proceso.

ES PERSONAL

No puedes ni debes depurar las pertenencias de
alguien más. Enfócate solamente en tus cosas.

ENFRENTARTE AL APEGO QUE
LE TIENES A TUS PERTENENCIAS
PUEDE SER UNA GRAN LUCHA

PERO
VALE
LA PENA

CÓMO DEPURAR

No existe un método universal para depurar. Cada quien deberá encontrar el suyo. Sin embargo, es de gran ayuda tener un punto de partida.

A continuación te comparto un breve método para depurar basado en lo que a mí más me ha funcionado. No necesitas seguirlo al pie de la letra. Lo más importante es que empieces a hacerlo. Una vez que lo hagas, lo demás se dará solo.

Éstos son los pasos que te recomiendo seguir:

1. Elige un espacio o categoría

Puedes empezar por depurar un espacio (por ejemplo: un cajón, un librero, un clóset) o una categoría (libros, ropa, adornos). Si eliges un espacio, deberás concentrarte específicamente en ese lugar. Si eliges una categoría, deberás enfocarte en todos los objetos relacionados con ella, aún cuando éstos se encuentren en distintos espacios.

2. Saca todo

Una vez que hayas elegido el espacio o categoría que quieras depurar, debes sacar todos los objetos correspondientes y ponerlos a la vista. Una buena idea es colocarlos en el suelo. El fin de esto es que puedas tener una vista panorámica de las cosas que posees.

3. Hazte preguntas y decide

Ve tomando cada pertenencia en tus manos y cuestiónate el para qué de cada objeto. Algunas preguntas que puedes hacerte son: ¿Realmente lo necesito?, ¿para qué lo quiero?, ¿lo he usado recientemente?, ¿qué perdería si lo dejo ir?, ¿qué ganaría si lo dejo ir?, ¿le agrega valor a mi vida?, ¿cumple un propósito?, ¿me estoy aferrando a algo?, ¿lo estoy conservando por miedo o apego?

4. Acomoda

Coloca en su respectivo lugar todas las pertenencias que hayas decidido conservar. Puedes utilizar este momento para reevaluar la razón por la que decidiste quedarte con esos objetos y también para acomodarlos de una manera más organizada.

5. Deshazte de todo lo demás

Esto puede ser abrumador, pero es muy importante que lo hagas. Asegúrate de realmente sacar de tu casa todas las cosas que ya no quieres. Puedes colocarlas en cajas y donarlas o puedes vender algunos artículos de valor. Si tienes objetos que ya no sirven para nada, evalúa si tienen cabida en un centro de reciclaje. Otra opción es simplemente echar las cosas al basurero. Esto no es lo más ecológico, pero puedes considerarlo como un último recurso en caso de que ya no sepas qué hacer con ciertas cosas. Evita quedarte con ellas y sácalas cuanto antes.

6. Repite

Replica este método en otros espacios y categorías hasta que poco a poco hayas depurado todas tus pertenencias. Otra buena idea es volver a depurar el mismo lugar o la misma categoría cada cierto tiempo. Es probable que en la primera depuración hayas conservado cosas que quizá no debiste. Hacer un repaso será de gran ayuda para depurar a un nivel más profundo.

«DEPURAR ES INFINITAMENTE MÁS FÁCIL CUANDO TE CENTRAS EN LO QUE QUIERES CONSERVAR EN LUGAR DE ENFOCARTE EN LO QUE QUIERES DESCARTAR.»

FRANCINE JAY

CÓMO DEPURAR
TUS PERTENENCIAS

ELIGE UN ESPACIO
O CATEGORÍA

↓

SACA TODAS LAS
COSAS PARA QUE
PUEDAS VERLAS

↓

TOMA CADA OBJETO
EN TUS MANOS Y
HAZTE PREGUNTAS COMO:

¿REALMENTE LO NECESITO?

¿PARA QUÉ LO QUIERO?

¿ESTO AYUDA A QUE MI VIDA SEA MEJOR?

↓

ACOMODA EN SU RESPECTIVO
LUGAR LO QUE DECIDAS
CONSERVAR

↓

DESHAZTE DE TODO
LO DEMÁS
(TE ASEGURO QUE JAMÁS
LO EXTRAÑARÁS)

↓

REPITE EL PROCESO
CON OTROS ESPACIOS
O CATEGORÍAS

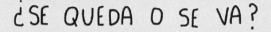

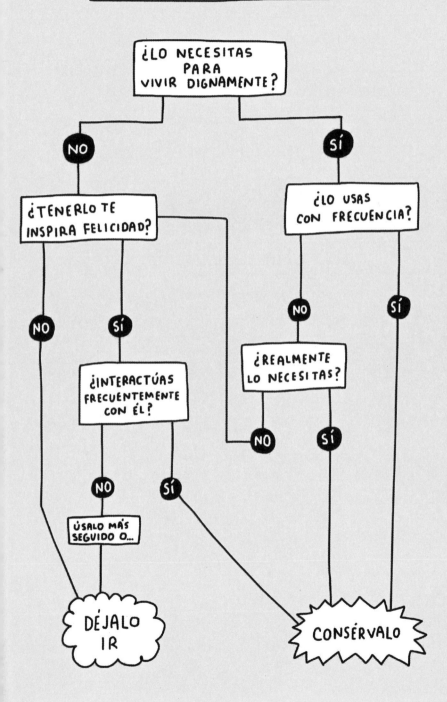

CREENCIAS POR LAS CUALES CONSERVAS OBJETOS INNECESARIOS

A lo largo de tu depuración te encontrarás con pertenencias que no necesitas, pero que querrás conservar debido a ciertas creencias irracionales. Algunas de estas creencias son:

- Debo conservar cosas que podría necesitar después.
- Es importante conservar objetos que me traen recuerdos.
- Es cruel deshacerme de cosas que un ser querido me regaló.
- Es tonto deshacerme de algo que está prácticamente nuevo.

Identificar y modificar estas creencias no sólo te ayudará a liberarte de cosas que te estorban, sino que te servirá para darte cuenta de que casi nada material tiene tanto valor como crees.

¿Cómo cambiar estas creencias? Revisemos una por una.

"Debo conservar cosas que podría necesitar después."

La idea de conservar cosas que puedas necesitar en un futuro viene del miedo a la incertidumbre. Miedo a sentir carencia en un momento determinado. Piensas que es mejor tener algo por si acaso, pero no sabes si ese día llegará. La realidad es que muy pocas cosas materiales son imprescindibles. Nada grave pasará si no tienes tal o cual cosa. Estoy seguro de que podrás arreglártelas en su debido momento. Además, sería muy raro que de repente necesites algo que no has utilizado en años. Deja ir todas esas cosas y junto con ellas el miedo a la incertidumbre.

"Es importante conservar objetos que me traen recuerdos."

Cuando le das valor sentimental a un objeto, lo que estás haciendo es materializar una emoción. Estás convirtiendo algo intangible en algo físico. Es ocasiones puede ser lindo conservar ciertas pertenencias que te ayuden a recordar momentos o personas, pero ten en cuenta que las memorias viven en tu mente, no en las cosas. Procura no saturarte de este tipo de objetos, ya que puede ser señal de que te estás aferrando al pasado. Aprende a avanzar hacia adelante. Lleva contigo las experiencias que has vivido, pero asegúrate de guardarlas en tu mente, no en un cajón.

"Es cruel deshacerme de cosas que un ser querido me regaló."

Cuando conservas un objeto solamente porque un ser querido te lo regaló, en realidad estás actuando desde un sentimiento de culpa. Sientes culpa de deshacerte de algo porque piensas que al hacerlo estás despreciando un gesto de cariño. Si te detienes a pensar en esto, te darás cuenta de que estás materializando el cariño, estás convirtiendo un gesto de amor en algo físico. El amor no es físico. El valor del regalo no está en el objeto, sino en la intención. Puedes quedarte con ese sentimiento y dejar ir los regalos que no usas. Recuerda que algo físico jamás reemplazará a un sentimiento. El amor no se demuestra con objetos.

"Es tonto deshacerme de algo que está prácticamente nuevo."

Si te resistes a deshacerte de algo únicamente porque está nuevo o te costó dinero, probablemente lo que está pasando es que te sientes mal por haber tomado una decisión equivocada. Quizás estás buscando justificar tu adquisición para no sentir culpa. Sin embargo, eso te está haciendo daño. Mejor sigue adelante, admite que esa pertenencia no te va a ser útil para nada y contempla la oportunidad de liberarte de eso e incluso de recuperar algo de dinero a través de una venta de segunda mano.

«LA ACUMULACIÓN ES UNA MANIFESTACIÓN DE: A) APEGO AL PASADO B) MIEDO AL FUTURO.»

LEO BABAUTA

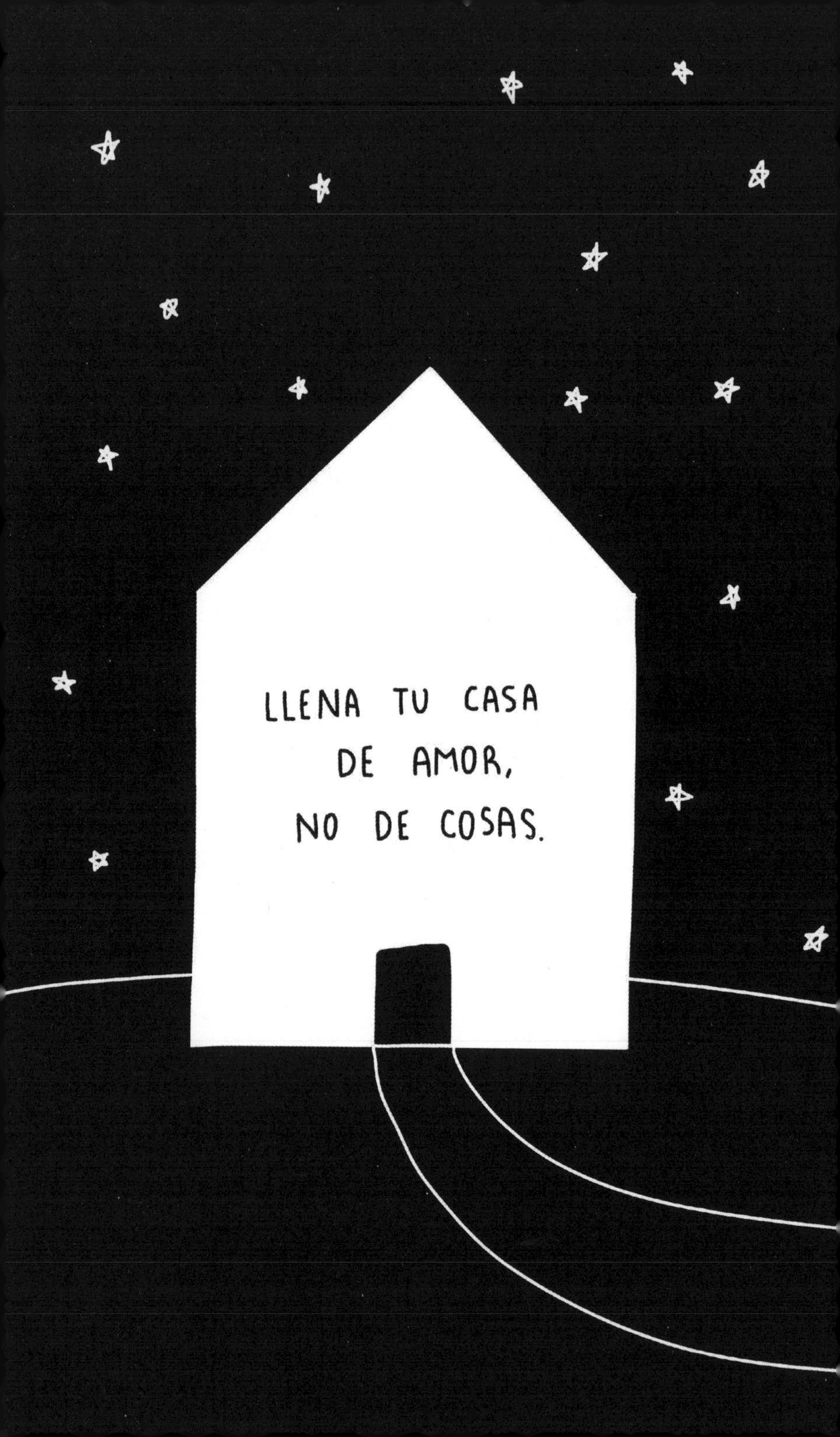
LLENA TU CASA
DE AMOR,
NO DE COSAS.

NO ERES LO QUE TIENES

EL MÚSCULO DE SOLTAR

Dejar ir cosas materiales (sobre todo aquellas a las que les tienes cierto apego) es una gran manera de fortalecer un músculo que te servirá en muchos aspectos de tu vida: el músculo de soltar.

El músculo de soltar es ése que te ayuda a desprenderte de las cosas, a no aferrarte a nada, a entender que todo está cambiando constantemente, que nada te pertenece y que nada es para siempre.

Aprender a soltar cosas materiales es un entrenamiento para aprender a soltar otras cosas, por ejemplo: el apego a tus ideas, el apego a las personas, el apego a tu trabajo, el apego al dinero. El músculo de soltar es tu mejor aliado en las situaciones difíciles, porque quieras o no, en algún momento la vida te quitará cosas, y qué mejor que estar preparado para soltarlas.

«SOLTAR NOS DA LIBERTAD.»

THICH NHAT HANH

CLÓSET MINIMAL

Simplificar tu ropa es una excelente manera de poner en práctica el proceso de depuración y de realmente empezar a sentir los beneficios de vivir con menos. Si aún no has decidido por dónde comenzar a depurar, te recomiendo que empieces por tu clóset.

Quizás estás conservando ropa que piensas que un día volverá a estar de moda. Tal vez conservas ropa porque estás esperando que tu cuerpo cambie (bajar o subir de peso). A lo mejor estás conservando ropa que representa una parte de tu pasado que ya no existe.

Hay muchas cosas innecesarias que guardas en tu clóset. Es momento de sacarlas y quedarte únicamente con la ropa que amas usar.

CLÓSET PESADO vs. CLÓSET LIGERO

CONSEJOS PARA DEPURAR TU ROPA

Sigue los siguientes pasos para pasar de un clóset pesado a uno ligero.

1. Vacía tu clóset y tus cajones

La mejor manera de empezar a depurar es sacar toda la ropa que tienes y ponerla sobre la cama o sobre el suelo. Esto te ayudará a darte cuenta de cuánta ropa posees y te obligará a decidir con consciencia qué se queda y qué se va. Si esto te parece muy abrumador, puedes empezar por un cajón o con cierto tipo de ropa.

2. Revisa prenda por prenda

Ve tomando cada una de tus prendas y analiza si vale la pena conservarla. Procura quedarte únicamente con la ropa que realmente te gusta usar. Pregúntate: ¿Ésta es una prenda que disfruto ponerme? Si eliges con honestidad, te darás cuenta de que es muy fácil identificar la ropa que en verdad disfrutas usar y la que no.

3. No te aferres

Es posible que quieras conservar ciertas prendas porque te estás aferrando a algo. Por ejemplo: ropa que está casi nueva (pero nunca te volverás a poner), ropa que alguien te regaló (pero en el fondo no te gusta) o ropa que representa a alguien que fuiste o quieres ser (pero no eres). Deja ir todas estas ideas, no te aferres a nada. Recuerda que el objetivo es vivir ligero. Verás qué bien se siente cuando dejas de aferrarte.

4. Deshazte de la ropa cuanto antes

Procura sacar lo más pronto posible la ropa que hayas decidido descartar. Puedes donarla a personas necesitadas o regalarlas a algún ser querido. También puedes vender algunas prendas, pero esta última opción puede llegar a ser muy abrumadora por el tiempo que requiere. Elige sabiamente.

CLÓSET ANTES DE LA DEPURACIÓN:

CLÓSET DESPUÉS DE LA DEPURACIÓN:

COSAS QUE GUARDAS EN TU CLÓSET QUE NO SON ROPA

Es posible que tu clóset sea un espacio que, inconscientemente, usas para guardar ciertas cosas intangibles, por ejemplo:

- Dudas
- Miedos
- Apegos
- Indecisiones
- Expectativas sobre tu cuerpo
- Ideas sobre cómo debes vestirte
- Recuerdos del pasado

¿Te suena familiar?

¡SACA TODO ESO DE TU CLÓSET Y EMPIEZA A VIVIR LIGERO!

«EL LUGAR DONDE VIVIMOS
DEBE SER PARA LA PERSONA
EN LA QUE NOS ESTAMOS
CONVIRTIENDO, NO PARA
LA PERSONA QUE ÉRAMOS
ANTES.»

MARIE KONDŌ

NO ERES TU ROPA

NO ERES LA TELA QUE CUBRE TU CUERPO, NI EL PRECIO DE LAS PRENDAS QUE PORTAS. ERES LAS COSAS QUE DICES Y HACES, ERES LO BUENO QUE DEJAS AL MUNDO, ERES EL AMOR QUE RECIBES Y DAS. ERES MUCHO MÁS QUE TU ROPA.

ESPACIOS QUE PUEDES DEPURAR ADEMÁS DE TU CLÓSET

Cocina
¿En serio necesitas tantos utensilios para cocinar y comer?

Baño
¡Elimina esas cremas y artículos que nadie usa!

Sala
Imagina una sala sin exceso de cosas, donde realmente disfrutes estar.

Área de trabajo
¡Escritorio ordenado, mente ordenada!

Cuarto de cachivaches
Te aseguro que prácticamente quedará vacío.

Espacios digitales
Aplicaciones, fotos, videos, archivos.
Borra todo lo que no necesites.

UNA CASA DESORDENADA

ES UNA MENTE DESORDENADA

(Y VICEVERSA)

DEPURAR ES HACER
ESPACIO PARA LA VIDA
QUE QUIERES

«DESHACERTE DE TODO LO QUE NO IMPORTA TE PERMITE RECORDAR QUIÉN ERES EN REALIDAD.»

COURTNEY CARVER

EL HÁBITO MÁS IMPORTANTE PARA VIVIR SIN EXCESO DE PERTENENCIAS

Depurar es necesario para tener una vida ligera, pero lo más importante es dejar de acumular. Si no prestas atención a las cosas que incorporas a tu vida, en menos de lo que te imaginas volverás a tener tus espacios llenos de objetos innecesarios. **¡Ten mucho cuidado con esto!**

Algunas ideas para evitarlo:

1. Deja de comprar cosas que no necesites.

2. Cuestiona cada objeto que vayas a guardar. Pregúntate: ¿Tiene sentido conservarlo?

3. Haz depuraciones exprés. De vez en cuando echa un vistazo a tu alrededor y elimina cualquier cosa que no tenga una buena razón para estar ahí.

4. Enamórate de los espacios libres de exceso. Aprende a valorar y a disfrutar las áreas limpias y ordenadas. Esto te inspirará a mantenerlas siempre de esta manera.

CÓMO VIVIR SIN EXCESO
DE PERTENENCIAS

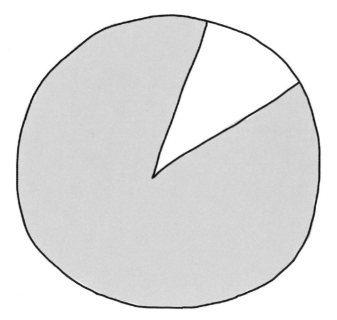

 DEPURAR

 NO ACUMULAR

ACUMULA EXPERIENCIAS,
NO PERTENENCIAS.

CAPÍTULO 3
DEJA DE COMPRAR LO QUE NO NECESITAS

PUEDES POSEER EL MUNDO ENTERO
Y AUN ASÍ SENTIR QUE TE FALTA ALGO.

CONSUMISTAS DE NACIMIENTO

A la mayoría de las personas nos enseñaron a ser consumistas desde que nacimos. Nos educaron con la idea de que tener más y mejores juguetes es igual a más diversión. Nos enseñaron que ir de compras puede ser un pasatiempo y hasta una terapia anti-estrés. Nos dijeron que comprar un diamante es la mejor forma de hacer un compromiso amoroso. Nos inculcaron la idea de que comprar más nos hará más felices.

Si todo esto fuera cierto, ¿no tendríamos que ser felices con todo lo que ya hemos comprado?, ¿o cuánto más necesitamos para sentirnos satisfechos?

Vivimos en una sociedad basada en el consumo. Compramos por comprar. Porque se siente bien, porque es lo que todos hacen. Las empresas y los medios de comunicación nos venden la idea de que comprar es el camino. La palabra *suficiente* parece no existir.

Comprar no está mal. Todos necesitamos cosas. El problema es cuando compramos sin pensarlo, por moda, por ocio, por impresionar a los demás. El problema es cuando comprar nos distrae de atender *lo importante*.

A VECES NOS ENFOCAMOS TANTO
EN PERSEGUIR MÁS, QUE PERDEMOS
DE VISTA LO IMPORTANTE.

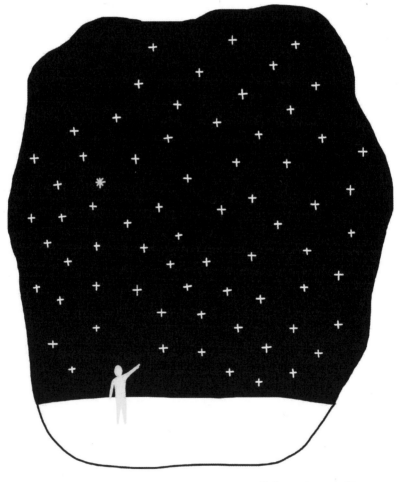

* LO IMPORTANTE

«LA SITUACIÓN ACTUAL DEL PLANETA ES CONSECUENCIA DE UNA PRODUCCIÓN INCONSCIENTE Y DE UN CONSUMO INCONSCIENTE. CONSUMIMOS PARA OLVIDAR NUESTRAS PREOCUPACIONES Y ANSIEDADES. TRANQUILIZARNOS CONSUMIENDO EXCESIVAMENTE NO ES LA RESPUESTA.»

THICH NHAT HANH

MENOS COMPRAS, MÁS LIBERTAD

La vida se vuelve más ligera cuando dejas de comprar cosas que no necesitas. Te sientes más libre, acumulas menos, tus finanzas mejoran, puedes vivir sin deudas, eres feliz sin consumir tanto y sobre todo, puedes darte el lujo de dedicar tu tiempo, tu dinero y tu energía a lo que realmente importa.

Dejar de comprar lo innecesario es liberarse de la creencia de que la felicidad se encuentra en las cosas materiales.

Lograrlo requiere tiempo, esfuerzo y mucho auto-análisis, pues el acto de comprar por comprar suele venir de hábitos muy arraigados. Sin embargo, verás que es un esfuerzo que vale muchísimo la pena.

«LAS MEJORES COSAS DE LA VIDA NO SON COSAS.»

JOSHUA BECKER

COSAS QUE PASAN
CUANDO DEJAS DE COMPRAR
LO QUE NO NECESITAS

DEJAS DE
ACUMULAR
(Y SE SIENTE GENIAL)

TUS FINANZAS
MEJORAN
(Y TAMBIÉN SE
SIENTE GENIAL)

AYUDAS AL PLANETA
CONTAMINANDO
MENOS

GRACIAS

CUANDO SÍ NECESITAS
ALGO, PUEDES COMPRAR
LO DE MEJOR CALIDAD

HABLEMOS DE DINERO

La forma en la que nos relacionamos con el dinero puede hacer nuestra vida más ligera o más pesada.

Si gastamos más de lo necesario, si nos endeudamos y si no tenemos finanzas saludables, entonces vivimos estresados, limitados y con un peso enorme sobre nosotros.

En cambio, si consumimos con consciencia, si destinamos el dinero a lo que realmente importa y si cuidamos nuestras finanzas, podemos vivir con más calma y tranquilidad.

Piensa en lo siguiente:

Si compras menos, necesitas menos dinero.
Si necesitas menos dinero, tienes más libertad.
Si tienes libertad, puedes enfocarte en lo que te hace feliz.
Si eres feliz, no necesitas comprar tantas cosas.

Dejar de comprar lo innecesario tiene un impacto positivo en tus finanzas y en tu felicidad. El consumo, el dinero y la felicidad forman parte de un mismo círculo virtuoso donde menos es más.

Esto no significa que para tener una vida simple tienes que vivir con poco dinero, ¡al contrario! Tener una vida simple puede ayudarte a tener más libertad financiera para disfrutar las cosas que realmente valen la pena. ¿Por ejemplo? Viajar, vivir experiencias, aprender cosas nuevas, emprender un proyecto o contribuir a tu comunidad.

EL MINIMALISMO Y EL DINERO NO ESTÁN PELEADOS. EL CONSUMISMO Y EL DINERO SÍ.

CUANTO MÁS
DINERO GASTES
EN COSAS QUE
NO NECESITAS,
MENOS DINERO
TENDRÁS PARA
LAS COSAS REALMENTE
IMPORTANTES.

PIENSA

CUANDO COMPRAS ALGO,
NO LO ESTÁS PAGANDO CON DINERO,
SINO CON EL TIEMPO QUE
TE TOMÓ HACER ESE DINERO.

ÚSALO SABIAMENTE.

USA EL DINERO.
NO DEJES QUE
EL DINERO
TE USE A TI.

EL COSTO DE LO QUE COMPRAS

Comprar algo nuevo tiene varios costos además del dinero que desembolsas para pagarlo.

Costo de oportunidad
"El valor de la mejor alternativa posible." Cuando compras algo, estás renunciando a destinar ese dinero a otra cosa. Por ejemplo: ahorrar para un viaje, pagar una deuda, empezar un ahorro para el retiro o ayudar a alguien que lo necesita.

Costo de mantenimiento
Muchas de las cosas que compras implican un costo posterior. Algunas ocupan un espacio en tu casa (el espacio cuesta), otras requieren tiempo y dinero para mantenerlas actualizadas y/o en buen estado. Algunas cosas también requieren de compras adicionales. ¡Toma todo esto en cuenta antes de comprar!

Costo ambiental
La bolsa, el empaque y la envoltura que vienen con los productos que compras son materiales que terminan en la basura y contaminan. De igual manera, la fabricación de los mismos genera cierta contaminación que nos afecta a todos.

Gran parte del deterioro ambiental de nuestro planeta se debe al consumo acelerado de nuestra sociedad.

Costo humano

¿Por qué crees que hay productos tan baratos? Muchas de las cosas que compras (como ropa y zapatos) se fabrican bajo condiciones inhumanas para poder mantener precios muy bajos. Comprar barato y en exceso es ser parte de una economía acelerada que afecta a otras personas.

* OFERTA VÁLIDA SIEMPRE
QUE DECIDAS <u>NO</u> COMPRARLO

CONSUMISTA VS MINIMALISTA

En resumen...

Cuando compras cosas que no necesitas:

- Gastas tu dinero sin sentido.
- Tienes menos dinero para metas más trascendentes.
- Acumulas pertenencias que en un futuro no tendrán valor.
- Pierdes tu tiempo en comprar esas cosas.
- Dañas el medio ambiente.
- Te dedicas a buscar tu felicidad en lo material.

Cuando dejas de comprar cosas innecesarias:

- Usas tu dinero en lo que vale la pena.
- Tienes mejores finanzas personales.
- No acumulas, tienes más orden y libertad.
- Dedicas tu tiempo a actividades con más sentido.
- Cuidas el medio ambiente.
- Encuentras la felicidad en lo importante.

«VIVIMOS EN UNA ERA DE CONSUMO BASADO EN EL DESEO Y NO EN LO QUE REALMENTE NECESITAMOS.»

ALOE BLACC

6 RAZONES POR LAS CUALES COMPRAS COSAS QUE NO NECESITAS

Sensación de placer

Comprar se siente bien. Definitivamente ir de compras genera cierto placer y euforia. El problema es que esta sensación de bienestar dura muy poquito. No es justo que desperdicies tu dinero y tu tiempo en obtener pequeñas dosis de alegría que se desvanecen de inmediato. Es importante que te des cuenta de esto para que puedas buscar satisfacción real en cosas más trascendentes. Identifica qué actividades o experiencias te ayudan a cultivar una felicidad más profunda y duradera. Concéntrate en ellas y notarás que, poco a poco, tu necesidad por comprar irá disminuyendo.

Idealización del beneficio del producto

Es posible que pienses que comprar cierto producto te cambiará la vida, pero un producto por sí solo no tiene la capacidad de hacerlo, solamente tú tienes el poder de mejorar tu situación. Por ejemplo, quizá pienses que comprar ropa deportiva será la solución para que por fin hagas ejercicio, o que comprar una casa muy grande hará que tu familia sea feliz. Aunque estas cosas pueden ayudar, es esencial que aceptes que hacer ejercicio o tener una familia feliz depende de ti, no de los productos que consumas.

Presión o costumbre social

Las personas que nos rodean tienen una gran influencia sobre nosotros. Quizá sientas presión de comprar tal o cual cosa porque es lo que todos hacen o tal vez porque tienes miedo a que te critiquen. Debes darte cuenta de que el hecho de que todos hagan algo no quiere decir que sea lo mejor. Trata de enfocarte en tu felicidad y en tu bienestar. Evita dejarte llevar por la presión de los demás.

Falsas oportunidades

Las compañías y su mercadotecnia se encargan de presentarte falsas oportunidades para que creas que comprar su producto es una buena decisión. Promociones, descuentos, ofertas, etc. Es muy fácil caer en estos engaños, pues están diseñados para que pienses que realmente es una buena oportunidad. Trata de prestar atención a esto, consulta cuáles son tus prioridades y analiza si realmente necesitas el producto que estás a punto de comprar. La mayoría de las veces no lo necesitas.

Huecos emocionales

¡Ouch! Duele leerlo, pero es cierto. Muchas veces compramos para llenar un vacío emocional. Compramos porque nos sentimos tristes, estresados, confundidos, insuficientes. Compramos para escapar de nuestros problemas. ¿Te ha pasado? No te sientas mal, tan sólo date cuenta de esto y reconoce que comprar no soluciona las cosas. Este simple razonamiento puede ser el primer paso para enfrentar tus problemas de una manera más real y significativa.

Actuar en automático

Ésta es la razón más fuerte y está relacionada con las cinco anteriores. La razón por la que la mayoría de las veces compramos cosas innecesarias es porque no estamos atentos. Estamos acostumbrados a vivir y a actuar en automático, sin prestar atención al momento presente, a cómo nos sentimos, a cómo pensamos. Para dejar de comprar cosas que no necesitas es importante que estés realmente presente en el momento de decidir de una compra. Sólo así podrás decidir con plena consciencia.

¿TE HA PASADO?

CÓMO DEJAR DE COMPRAR COSAS QUE NO NECESITAS

Debes ser tú quien descubra la mejor manera de cambiar tus hábitos de consumo, pero no te preocupes, he preparado una guía que te servirá para diseñar una estrategia anti-consumista.

Sigue los siguientes pasos:

1. Analiza tus hábitos de consumo

Empieza por conocer a fondo tus hábitos de consumo. Identifica qué tipo de cosas innecesarias sueles comprar y pregúntate por qué lo haces. ¿De dónde viene el deseo de comprar? ¿Qué situaciones o emociones te impulsan a hacerlo? ¿Qué buscas sentir cuando compras esas cosas? Trata de ir un poco más allá en tu análisis. Atrévete a responder con honestidad. Autoconocerte es esencial para mejorar.

2. Define tus motivaciones

Piensa en las razones por las cuales quieres hacer un cambio. ¿Qué te inspira a dejar de comprar cosas que no necesitas? ¿Cómo mejoraría tu vida si dejas de comprar esas cosas? Algunos ejemplos pueden ser: mejores finanzas, mejor uso del tiempo, cuidar el medio ambiente, acumular menos cosas materiales o simplemente liberarte del consumismo.

3. Crea tu estrategia anti-consumista

¿Qué vas a hacer para dejar de comprar cosas que no necesitas? ¿Qué tácticas funcionan mejor para ti? A ciertas personas les funciona alejarse de las tiendas por un tiempo, a otras les viene bien colocar notas con recordatorios en sus carteras. Diseña y sigue tu propia estrategia anti-consumista para empezar a consumir de manera más consciente y a disfrutar los beneficios de vivir una vida ligera.

¡MANOS A LA OBRA!

Realiza los siguientes ejercicios para analizar tus hábitos de consumo, definir tus motivaciones y finalmente crear tu propia estrategia anti-consumista.

AUTO ANÁLISIS
DE UN CONSUMISTA

SUELO GASTAR
EN COSAS
INNECESARIAS COMO...

PORQUE...

_____ → _____

_____ → _____

_____ → _____

_____ → _____

_____ → _____

_____ → _____

INTENTA RESPONDER
CON HONESTIDAD

RAZONES POR LAS QUE QUIERO DEJAR DE COMPRAR COSAS QUE NO NECESITO

1. _____

2. _____

3. _____

4. _____

5. _____

6. _____

7. _____

ESTRATEGIA ANTI-CONSUMISTA

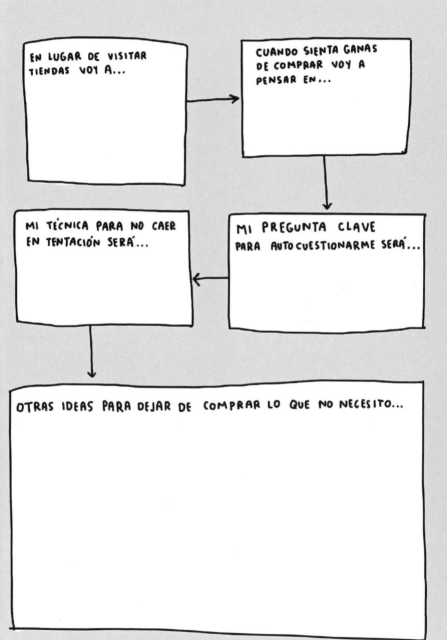

EN LUGAR DE VISITAR TIENDAS VOY A...

CUANDO SIENTA GANAS DE COMPRAR VOY A PENSAR EN...

MI TÉCNICA PARA NO CAER EN TENTACIÓN SERÁ...

MI PREGUNTA CLAVE PARA AUTOCUESTIONARME SERÁ...

OTRAS IDEAS PARA DEJAR DE COMPRAR LO QUE NO NECESITO...

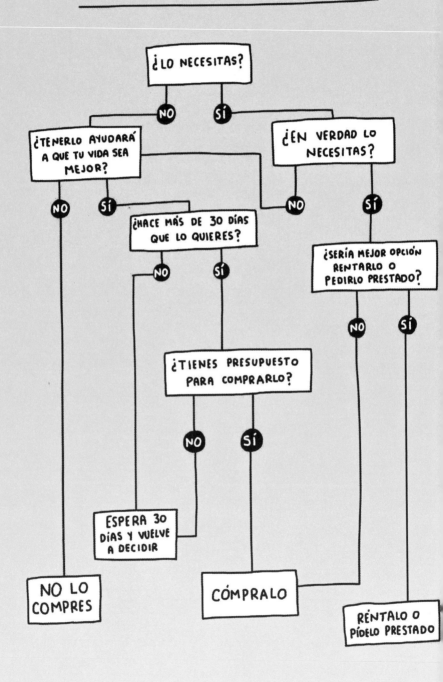

LO MEJOR QUE PUEDES HACER

Ahora que has decidido dejar de consumir cosas que no necesitas y que has descubierto tu propia manera de lograrlo, tal vez quieras considerar lo siguiente:

No veas esto como un sacrificio o como una renuncia a algo. En realidad no te estás privando de nada, sino que estás dando la oportunidad de que cosas más valiosas lleguen a tu vida.

Lo mejor que puedes hacer para empezar un camino hacia una vida más ligera y con más felicidad es empezar a consumir con más consciencia.

**TE FELICITO POR HABER DADO
EL PRIMER PASO.**

COMPRAR
TE DA FELICIDAD
TEMPORAL

VIVIR CON SENTIDO
TE DA FELICIDAD
REAL

CAPÍTULO 4

ELIMINA DISTRACCIONES

LA FORMA EN LA QUE USAS TU TIEMPO ES LA FORMA EN LA QUE USAS TU VIDA

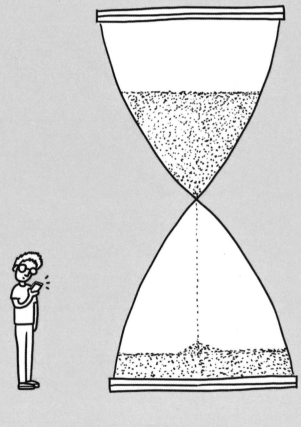

TIEMPO ←————→ VIDA

HACEMOS DEMASIADO

Vivimos en un mundo donde nunca hay tiempo para nada. Siempre estamos ocupados. Pasamos de una actividad a otra sin cuestionar el sentido de las cosas que hacemos. Vivimos saturados de trabajo, compromisos sociales, mensajes por responder, noticias por leer, problemas por resolver, metas por cumplir. Siempre corriendo. Como en una intensa y agotadora carrera sin fin.

Nos cansamos, pero no paramos. Estar ocupados pareciera ser algo de lo que debemos sentirnos orgullosos. No escuchamos a nuestro cuerpo, no atendemos nuestras emociones. ¿Quién tiene tiempo para eso?

No toleramos el aburrimiento. Nos desbocamos ante cualquier forma de entretenimiento. Noticias, series de televisión, fotos, chismes, comentarios. Siempre hay algo para llenar cada minuto de nuestros días.

Pero ¿cuántas de las cosas que hacemos son realmente valiosas para nuestra felicidad?, ¿podemos usar nuestro tiempo de manera más significativa?, ¿podemos simplificar nuestra agenda?, ¿podemos eliminar las distracciones que nos alejan de lo importante?, ¿podemos vivir mejor haciendo menos?

OCUPADO

NO ES SINÓNIMO

DE PRODUCTIVO

TIEMPO PARA LO IMPORTANTE

VIVIR LIGERO ES:

Usar tu tiempo con sabiduría.

Vivir sin tanta prisa.

Hacer menos, pero hacerlo bien.

Hacer una cosa a la vez.

Tener claras tus prioridades y atenderlas antes que cualquier otra cosa.

Saber decir "no".

Valorar los momentos de descanso y aburrimiento.

Renunciar a las actividades que no te ayudan a ser mejor persona y enfocarte en las que te hacen sentir que cada día ha valido la pena.

VIVIR LIGERO ES HACER TIEMPO PARA LO IMPORTANTE.

CUANDO

TODO

ES IMPORTANTE

NADA LO ES

ELIMINAR ES MEJOR QUE ORGANIZAR

Muchas personas se esfuerzan en encontrar la mejor manera de organizar su tiempo y ser productivas. Tratan de incluir todas las actividades posibles en su agenda y aprovechar al máximo cada minuto. No tengo nada en contra de esto, pero me parece que existe una mejor opción de la que casi no se habla: eliminar actividades. No digo que organizar no sea útil, pero pienso que antes debemos cuestionarnos si todas las actividades que realizamos son realmente esenciales.

Eliminar es más poderoso que organizar. Cuando eliminamos actividades de nuestra agenda, abrimos espacio para las cosas importantes. Para hacerlas bien, para disfrutarlas, para darles el tiempo y la atención que se merecen.

Cuando no llenamos cada minuto con una actividad, tenemos tiempo para ser espontáneos, descansar, contemplar, reflexionar y apreciar. A todos nos viene bien un poco de esto.

TODO CABE EN UN JARRITO
SABIENDO ~~ACEPTAR~~
ELIMINAR

IDENTIFICA DISTRACCIONES

Es común pensar que estamos ocupados cuando en realidad estamos distraídos. Una distracción es cualquier actividad no-esencial que nos aparta de hacer lo importante. Las siguientes son algunas de las más comunes. Identifica cuáles son a las que te enfrentas con mayor frecuencia para que poco a poco las puedas ir eliminando.

Tareas irrelevantes

Solemos perder tiempo realizando tareas que parecen urgentes o importantes, pero que no son más que una engañosa forma de postergar. Por ejemplo: revisar el correo electrónico múltiples veces por hora; buscar información acerca de algo que no es relevante en el momento; responder mensajes "urgentes"; hacer tareas que no son prioritarias; consultar redes sociales constantemente. Pequeñas acciones que nos hacen sentir productivos, pero que simplemente nos están distrayendo. Éste es un problema muy común que casi todos padecemos y la razón es que inconscientemente preferimos hacer las tareas que nos resultan fáciles y cómodas en lugar de esforzarnos en realizar las que implican cierto grado de esfuerzo (y que normalmente son las más relevantes).

Información y entretenimiento

Noticias locales, nacionales e internacionales. Videos, reportajes, entrevistas, foros de opinión. Series de televisión, documentales, películas. Vivimos inundados de información y entretenimiento. Siempre hay nuevo algo de lo cual "debemos enterarnos". Siempre hay algo que "tenemos que ver". ¿Cuánto de nuestro tiempo se malgasta en esto? ¿En verdad es necesario consumir tanta información y entretenimiento? ¿Hasta qué punto es constructivo y hasta qué punto es destructivo? Nos preocupa demasiado no estar al tanto de lo que todos hablan, cuando lo que debería preocuparnos es la cantidad de cosas importantes que estamos dejando de hacer por perder tiempo en eso.

Compromisos que aceptamos por pena a decir "no"

¿Cuántas veces decimos "sí" a una invitación que en el fondo queremos rechazar? Cualquier actividad que aceptamos por miedo o pena a decir "no" es una distracción. Eventos sociales, proyectos, reuniones de trabajo, favores, etc. Por tratar de quedar bien con todo el mundo, estamos quedando mal con nosotros mismos, pues nos estamos saturando de compromisos que no están alineados a lo que realmente es importante para nosotros.

Exceso de metas

Es bueno ponerse metas, pero tener demasiadas puede causarnos un peso enorme e innecesario. Estudiar una maestría, viajar a otro continente, emprender un negocio, aprender una nueva habilidad, entrenar para un maratón, remodelar la casa. Queremos lograr tantas cosas que perdemos foco de lo importante y nuestro tiempo y energía se diluyen. Cualquier meta —por más positiva que sea— si nos está alejando de hacer lo más importante, es una distracción que debemos eliminar.

RAZONES POR LAS CUALES
EL TIEMPO NO TE ALCANZA

CÓMO ELIMINAR DISTRACCIONES

Vivir con menos distracciones no es un cambio que se consigue de inmediato. Para lograrlo es necesario modificar viejos hábitos y creencias. Debemos rediseñar nuestra forma de pensar y actuar. Poco a poco, paso a paso.

Yo no soy experto en vivir sin distracciones, pero definitivamente me he vuelto mejor con la práctica. A continuación te comparto algunos hábitos que a mí me han ayudado a vivir con menos distracciones.

TEN CLARAS TUS PRIORIDADES Y ATIÉNDELAS SIN POSTERGAR

Define las tareas que requieren mayor atención y aprende a hacerlas a primera hora sin distraerte con otras de menor relevancia. Empieza tu día preguntándote: ¿Cuáles son las acciones que realmente me ayudarán a avanzar hacia lo que quiero lograr? Una vez que identifiques tus prioridades (no deben ser demasiadas) deberás esforzarte por hacerlas sin evadirte con otras cosas. Éste es el verdadero reto y te diré lo que yo he aprendido a hacer para lograrlo.

El secreto está en habituarte a hacer las cosas aunque no sea cómodo o fácil. Si te fijas, la mayoría de las actividades que evades son las que representan un esfuerzo (tienes que pensar o hacer más de lo que te resulta cómodo) o una incertidumbre (no sabes cómo van a resultar las cosas). Intenta aceptar esto. Reconoce que las actividades que te ayudan a avanzar en la vida normalmente son incómodas y retadoras. Aprende a actuar sintiendo esta incomodidad como algo natural.

Una buena idea para poner esto en práctica es dedicar 15 minutos exclusivos a una tarea incómoda que tengas pendiente. Pon un cronómetro, desconéctate y dedícate únicamente a esta tarea. Si por momentos te confundes o te ves frente a una gran dificultad, puedes detenerte, pero debes quedarte ahí. No te evadas haciendo otra cosa. Trata de aceptar la incomodidad y sigue adelante hasta que hayan pasado los 15 minutos. Te sorprenderás de lo mucho que puedes avanzar. Te lo digo porque yo mismo recurrí a este ejercicio para escribir este libro.

«PODEMOS SENTIRNOS PRODUCTIVOS CUANDO ESTAMOS CONSTANTEMENTE PASANDO DE UNA ACTIVIDAD A OTRA, PERO EN REALIDAD SOLAMENTE ESTAMOS DISTRAÍDOS.»

LEO BABAUTA

EJERCICIO ANTI-POSTERGACIÓN

ELIGE UNA TAREA
PRIORITARIA

↓

DESCONÉCTATE
DEL INTERNET
(A MENOS DE QUE SEA
INDISPENSABLE PARA
REALIZAR LA TAREA)

↓

PON UN CRONÓMETRO
DE 15 MINUTOS

↓

ENFÓCATE EXCLUSIVAMENTE
EN TU TAREA PRIORITARIA

↓

SI TE ABURRES, TE ATORAS
O TE RESISTES, HAZ UNA PAUSA
(PERO SIN HACER
NINGUNA OTRA COSA)

↓

CONTINÚA ASÍ DURANTE
LOS 15 MINUTOS

↓

AL TERMINAR, TOMA UN DESCANSO.
HAZ LO QUE QUIERAS POR 5 MINUTOS
Y VUELVE A EMPEZAR
(REPITE LAS VECES QUE QUIERAS)

CUANDO HACES MUCHAS
COSAS A LA VEZ:

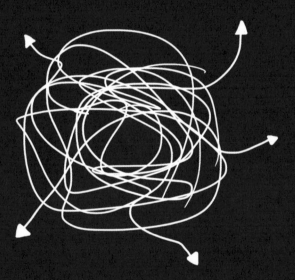

CUANDO HACES UNA
COSA A LA VEZ:

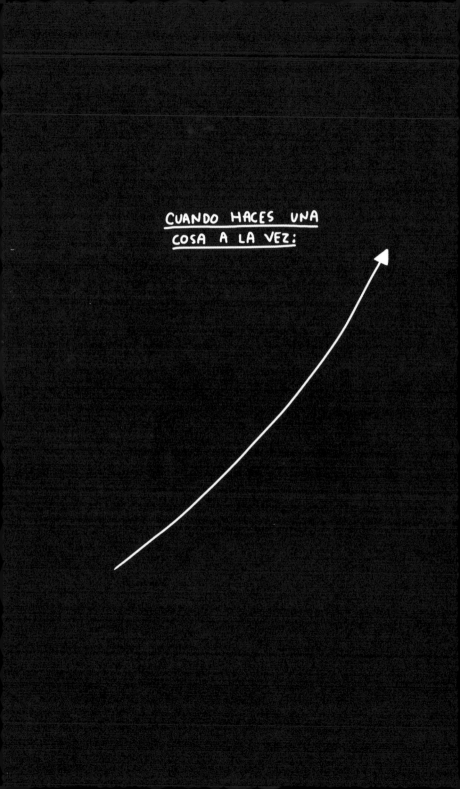

CONSUME MENOS INFORMACIÓN Y ENTRETENIMIENTO

No tiene nada de malo leer noticias, pasar tiempo en internet o ver televisión. El problema es cuando estas actividades te distraen de lograr cosas más valiosas.

¿Qué pasaría si decidieras pasar menos tiempo en redes sociales?, ¿si dejas de ver tantas series de televisión?, ¿si lees menos de esas noticias que sólo te hacen sentir enojo y frustración? Quizá tendrías más tiempo para aprender algo nuevo, para escribir un libro, para hacer ejercicio, meditar, cocinar, leer, llamarle a tus abuelos, contribuir a tu comunidad. Tiempo para hacer todas esas cosas que siempre has querido hacer pero no haces porque "estás demasiado ocupado".

Evalúa cuál es el tipo de información y entretenimiento que aporta algo a tu vida y cuál es sólo estorbo. Intenta poner un límite a tu consumo y evita el contenido que no te sirve. Una vez que tengas esto claro, aléjate de la tentación. Desconéctate de internet por varias horas al día. Si tienes televisión en tu recámara, cámbiala de habitación. Aléjate un momento del mundo virtual y dedícate a crear algo de lo cual puedas sentirte orgulloso.

«CUANDO ESTAMOS CONSUMIENDO, ESTAMOS DEJANDO DE CREAR.»

THE MINIMALISTS

AL IGUAL QUE CON LOS BIENES FÍSICOS, EL CONSUMO DE INFORMACIÓN TIENE UN PUNTO EN EL CUAL DEJA DE SER ÚTIL Y EMPIEZA A CONVERTIRSE EN UNA DISTRACCIÓN.

MÁS TIEMPO

¿QUÉ HARÍAS CON TU TIEMPO SI DEJARAS DE CONSUMIR TANTA INFORMACIÓN Y ENTRETENIMIENTO? ¡ANÓTALO AQUÍ! SÉ ESPECÍFICO.

SI DEDICARA MENOS TIEMPO A:

TENDRÍA MÁS TIEMPO PARA:

EMPIEZA A DECIR "NO"

Se vale rechazar invitaciones. Normalmente pensamos que las personas se ofenderán si les decimos "no". Pero yo mismo he comprobado que la mayoría de las personas son bastante comprensivas si les hablas con honestidad.

Decir "no" es una forma de ser respetuoso con tu tiempo y con el de los demás. Procura tener muy claro cuáles son las actividades que le agregan valor a tu vida y cuáles son una distracción. Esto aplica tanto para compromisos sociales como para proyectos de trabajo. Piensa que cuando le dices "no" a algo, es para decirle "sí" a algo más importante. Si le dices "no" a una fiesta, es para decirle "sí" a una noche de lectura. Si le dices "no" a participar en un nuevo proyecto, es para decirle "sí" a terminar los que tienes pendientes.

Empieza a decir "no" poco a poco. Hazlo amablemente y agradece la invitación, pero sin dar demasiadas explicaciones. Inténtalo a partir de hoy. Cada vez que necesites decir "no", dilo. Sé que no es fácil, pero se volverá más sencillo con la práctica.

«NO DIRÉ "SÍ" CUANDO MI CORAZÓN DIGA "NO".»

COURTNEY CARVER

A PARTIR DE HOY INTENTARÉ DECIRLE "NO" A...

DEPURA TUS METAS

Tu tiempo y energía son recursos limitados. Si los usas para intentar lograr demasiadas cosas, éstos se verán diluidos y tendrán un menor impacto. Si los enfocas en menos metas, el impacto será mayor y el resultado será mejor.

Elige las metas más importantes para ti y concéntrate en ellas. Las demás puedes dejarlas para después o simplemente eliminarlas. No tiene nada de malo posponer o descartar si esto te ayuda a vivir mejor.

Algo que también vale la pena analizar es lo siguiente: revisa de dónde viene el deseo de cumplir tal o cual meta. Muchas veces, sin darnos cuenta, nos ponemos metas solamente para impresionar a los demás o para demostrar que somos capaces de lograr algo. Evita caer en este doloroso error, **¡no necesitas demostrarle nada a nadie!** Elige y enfócate en las metas que tienen sentido para ti.

«PUEDES TENERLO TODO, PERO NO AL MISMO TIEMPO.»

OPRAH WINFREY

DEPURACIÓN
DE METAS PERSONALES

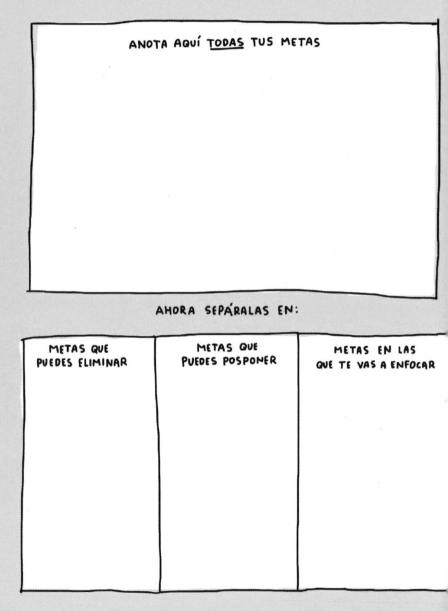

ANOTA AQUÍ **TODAS** TUS METAS

AHORA SEPÁRALAS EN:

METAS QUE PUEDES ELIMINAR	METAS QUE PUEDES POSPONER	METAS EN LAS QUE TE VAS A ENFOCAR

NO HACER NADA TAMBIÉN ES IMPORTANTE

¿Quién dijo que las personas tenemos que estar haciendo algo todo el tiempo? Mucha gente cree que *no hacer nada* es de flojos. Yo pienso que es de sabios. *No hacer nada* es necesario para nuestro bienestar. Todos necesitamos tiempo para escuchar a nuestro cuerpo, para respirar con calma, para relajarnos, para admirar nuestro entorno, para soñar despiertos, para autoconocernos, para apreciar y agradecer todo lo bueno que tenemos.

Haz espacio en tu día para simplemente *ser* sin necesidad de *hacer*. Siéntate en silencio, mira por la ventana, sal a caminar sin destino predeterminado, tírate a ver el cielo. Tómate algo de tiempo para *no hacer nada*. Tu cuerpo y tu mente lo necesitan. ¿O acaso no han hecho suficiente?

«CUANDO ESTAMOS DEMASIADO OCUPADOS, NOS DESCONECTAMOS DE LOS DEMÁS Y DE NOSOTROS MISMOS.»

JACK KORNFIELD

NO HACER NADA ES
PRODUCTIVIDAD PARA EL ALMA

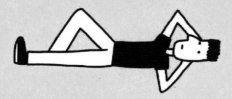

NO TIENES QUE:

— TENERLO TODO

— HACERLO TODO

— QUEDAR BIEN CON TODOS

CAPÍTULO 5

ENTRENA UNA MENTE LIGERA

LA VIDA SE VUELVE MÁS PESADA
CUANDO TU MENTE ESTÁ LLENA DE:

DISTRACCIONES

MIEDOS

RIGIDEZ

RENCORES

EXCUSAS

JUICIOS

APEGOS

PREOCUPACIÓN

CELOS

PENSAMOS DEMASIADO

Al igual que nuestros cajones o nuestra agenda, nuestra mente suele saturarse de cosas innecesarias. Vivimos atiborrados de pensamientos que en lugar de servirnos, nos estorban.

Se estima que los seres humanos tenemos 60,000 pensamientos al día. Algunos de ellos nos ayudan a tomar decisiones o a resolver problemas, pero la mayoría son pensamientos inútiles. Fantasías acerca del futuro, historias acerca del pasado, juicios, críticas, miedos, expectativas, suposiciones y un sinfín de conversaciones mentales que, además de hacernos daño, nos quitan claridad mental. ¿Te ha pasado que no puedes dejar de pensar en algo que te hizo enojar y esto te impide concentrarte en tu trabajo? ¡A eso me refiero!

Tener este tipo de pensamientos es completamente normal. A todos nos pasa. No podemos evitarlos ni controlarlos. Lo que sí podemos hacer es aprender a dejarlos pasar sin aferrarnos a ellos. Podemos aprender a vivir con más calma y más enfoque. Podemos aprender a practicar la aceptación, el desapego, el amor y la gratitud. Podemos entrenar una mente ligera.

> «CADA SEGUNDO
> QUE PASAMOS
> PREOCUPÁNDONOS POR
> EL PASADO O EL FUTURO
> NOS DISTRAE DE LO QUE
> ES IMPORTANTE AQUÍ
> Y AHORA.»
>
> GREG MCKEOWN

MENTE PESADA vs. MENTE LIGERA

PESADA:	LIGERA:
VE LA VIDA CON RIGIDEZ	→ VE LA VIDA CON FLEXIBILIDAD
ES EGOÍSTA	→ ES COMPASIVA
SE TOMA TODO PERSONAL	→ TOMA LAS COSAS CON APERTURA
SE PREOCUPA	→ SE OCUPA
SE AFERRA A SUS PENSAMIENTOS	→ INTENTA SOLTAR SUS PENSAMIENTOS

CÓMO ENTRENAR UNA MENTE LIGERA

Entrenar una mente ligera no consiste en pensar cosas positivas todo el tiempo, sino en tener disposición a soltar los pensamientos que no sirven de nada para ver las cosas con ecuanimidad y apertura.

Decirlo suena fácil, pero lograrlo requiere de esfuerzo, práctica y paciencia. A continuación te comparto los pasos que puedes seguir para empezar a entrenar una mente ligera.

1. Identifica los pensamientos inútiles

Aprende a reconocer esos pensamientos que no sirven de nada, o peor aún, que te lastiman o lastiman a los demás. Empieza por observar constantemente en qué estás pensando y cuestiónate si pensar en eso te está ayudando en algo. No significa que siempre debas estar pensando en cosas productivas. A veces recordar, soñar o reflexionar es necesario. Simplemente revisa a dónde te está llevando cada pensamiento que brota en tu mente. Si no te está llevando a un buen lugar, entonces es posible que se trate de un pensamiento inútil.

2. No te regañes

Es normal tener pensamientos inútiles todo el tiempo. No te sientas mal por eso. Entrenar una mente ligera no se trata de reprimirte o regañarte. Acepta que a tu mente llegarán todo tipo de pensamientos: negativos y positivos, tristes y alegres, odiosos y amorosos. Esto es normal. La práctica no consiste en rechazarlos, sino en observarlos.

3. Deja ir

Cuando te des cuenta de que un pensamiento inútil está rondando por tu cabeza, es tiempo de dejarlo ir. Notarás que no es fácil, pues tu mente querrá regresar una y otra vez a los mismos pensamientos. Por ejemplo, imagina que dijiste un comentario en una reunión por el cual otras personas pudieron haberte criticado y esto te preocupa. Tu mente intentará repasar una y otra vez lo que dijiste, las reacciones de tus compañeros y las posibles opiniones que éstos pudieran tener acerca de ti. ¿Te sirve de algo pensar en eso? No. ¿Quieres pensar en eso? No, pero tu mente no puede evitarlo. ¿Entonces qué puedes hacer? Soltar, soltar y soltar. Deja de alimentar esos pensamientos. Cada vez que llegue uno, simplemente nótalo, pero no le hagas mucho caso.

4. Redirige tu atención a un mejor lugar

Todos tenemos la capacidad de cultivar una actitud más benévola con nosotros mismos y con nuestro entorno. Es cuestión de práctica. Prueba lo siguiente: cada vez que estés intentando dejar ir un pensamiento inútil, aprovecha para practicar una actitud de aceptación, desapego, amor o gratitud. No importa si al principio lo sientes falso o forzado. Verás que poco a poco se vuelve algo auténtico. Volviendo al ejemplo del punto anterior, supongamos que tu preocupación es que las personas piensen mal de ti por el comentario que hiciste. En este caso puedes trabajar en aceptar que las personas son libres de pensar lo que quieran y que no puedes controlarlo. También puedes intentar desapegarte a la idea de que tienes que caerle bien a todos. Tal vez quieras probar tratarte con amor a ti mismo, a pesar de que no siempre dices comentarios acertados. Quizá puedas simplemente agradecer las cosas buenas que tienes en ese momento.

«CADA VEZ QUE NOS HACEMOS CONSCIENTES DE UN PENSAMIENTO, EN LUGAR DE PERDERNOS EN ÉL LO EXPERIMENTAMOS CON UNA MENTE ABIERTA.»
JOSEPH GOLDSTEIN

PASOS PARA ENTRENAR UNA MENTE LIGERA

UNA MENTE LIGERA
SE SIENTE BIEN

ACTITUDES DE UNA MENTE LIGERA

Las siguientes son las actitudes que a mí me han ayudado a vivir más ligero. La mejor manera de adoptarlas de forma permanente es poniéndolas en práctica una y otra vez hasta que surjan por sí solas.

Aceptación

Intenta ver qué pasa si miras todo con aceptación. ¿Qué pasa si no rechazas la realidad? Esto no significa que debas resignarte ante una situación injusta. Significa experimentar las cosas tal como son. Acepta que no todos piensan igual que tú. Acepta que las cosas no siempre serán perfectas. Acepta que no puedes controlarlo todo. Vivir con aceptación puede ayudarte a sentir paz en medio del caos. Aceptar la realidad también sirve para actuar y hacer lo que hay que hacer. Cuando aceptas que algo no está bien y que es tu responsabilidad cambiarlo, entonces simplemente lo haces.

Desapego

¿Cómo sería tu vida si no le tuvieras tanto apego a las cosas? Estamos acostumbrados a tenerle apego a todo: a las cosas materiales, al dinero, a las personas, a nuestra comodidad, a nuestros ideales, a nuestros planes, ¡a todo! Este apego nos causa mucho malestar, pues las cosas no siempre son como nosotros queremos. Trata de ver qué pasa si dejas ir el apego que le tienes a las cosas. Intenta practicar una actitud de soltura, aceptando que todo cambia y que nada es para siempre.

Amor

El amor no sólo es un sentimiento, también es una actitud. Podemos decidir actuar con amor ante la vida. No me refiero a un amor cursi o romántico, sino a un amor humano y compasivo. Intenta ver qué sucede si llevas una actitud de amor hacia todas las cosas. Hacia tu propia persona (sin necesidad de cambiar nada), hacia los demás (sin necesidad de que cambien nada) y hacia todo lo que te rodea. Descubre qué sucede si haces todo con amor, incluso las cosas más cotidianas como sacar la basura o esperar un semáforo en rojo. Te apuesto a que sentirás que todo se vuelve mil veces más ligero.

Gratitud

Pasamos más tiempo quejándonos de las cosas que nos faltan que agradeciendo las que sí tenemos. Cuando experimentas la vida con gratitud, empiezas a libertarte de muchas cargas relacionadas con el deseo y la insatisfacción. Procura ver con gratitud todo lo que te rodea. ¿Qué pasa si valoras a las personas que te acompañan, el lugar donde vives o simplemente la bendición de poder respirar? Y por otro lado, ¿qué pasa si experimentas con gratitud los momentos de dolor? ¿Puedes percibirlos como una oportunidad de aprender y crecer? Practica la gratitud en tu mente siempre que lo recuerdes y notarás cómo todo se torna un poco mejor.

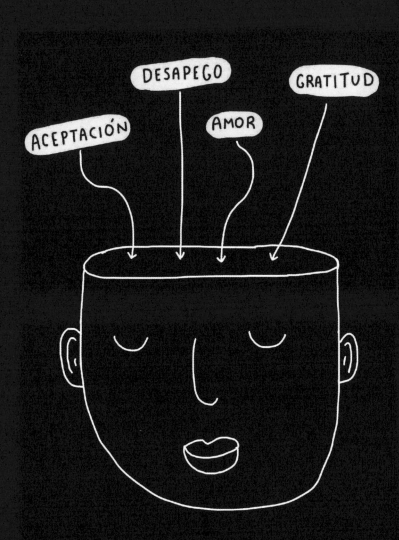

REEMPLAZA PENSAMIENTOS INÚTILES
POR ACTITUDES LIGERAS

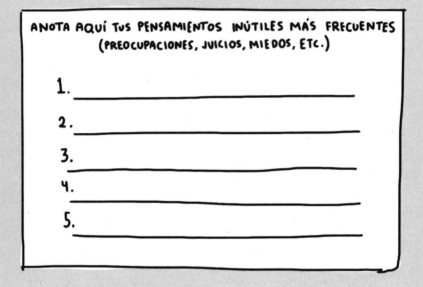

ANOTA AQUÍ TUS PENSAMIENTOS INÚTILES MÁS FRECUENTES
(PREOCUPACIONES, JUICIOS, MIEDOS, ETC.)

1. _____
2. _____
3. _____
4. _____
5. _____

AHORA ANOTA LAS ACTITUDES CON LAS QUE INTENTARÁS
REEMPLAZARLOS. (ACEPTACIÓN, DESAPEGO, AMOR, GRATITUD)

1. _____
2. _____
3. _____
4. _____
5. _____

EL PODER DEL MOMENTO PRESENTE

El presente es el único momento que realmente existe; sin embargo, rara vez estamos en él. Por lo regular estamos (mentalmente) en otro lado.

Otra manera de soltar los pensamientos que hacen tu vida más pesada es aprender a conectar con el momento presente, pues sólo ahí tienes el poder de cultivar una mente ligera.

Prestar atención al momento presente nos permite ver las cosas como son. En el presente podemos encontrar tranquilidad aceptando la realidad tal cual es y tomando la actitud correcta para enfrentar un problema.

Imagina que tienes que terminar un trabajo en poco tiempo. Si en ese momento te pones a pensar en cosas relacionadas con el pasado (*¿por qué no lo hice cuando tenía más tiempo?*), lo único que vas a sentir es enojo o arrepentimiento. Si te pones a pensar en el futuro (*¡qué será de mí si no lo hago bien!*), sentirás estrés o ansiedad. Pero si te centras en el presente, aún con las dificultades que esto represente, puedes tomar acción y avanzar con el trabajo hasta terminarlo, o tomar cualquier decisión que sea la mejor en ese momento.

Entrenar una mente ligera es aprender a vivir y aceptar el presente. Conectar con lo que hay aquí y ahora. Ya sea para apreciar la belleza de un instante o para aceptar la realidad aunque ésta no siempre sea como esperamos.

«HAZ DEL MOMENTO PRESENTE TU AMIGO EN LUGAR DE TU ENEMIGO. MUCHAS PERSONAS VIVEN COMO SI EL PRESENTE FUERA UN OBSTÁCULO QUE DEBIERAN SUPERAR PARA PASAR A LO SIGUIENTE.»

DAN HARRIS

NO PUEDES CAMBIAR EL PASADO
NO PUEDES CONTROLAR EL FUTURO
SÓLO PUEDES VIVIR EL PRESENTE

RESPIRA

Éste es un ejercicio que puede ayudarte a conectar con el momento presente siempre que sea necesario. Consiste en prestar atención a algo que va contigo a todos lados y que siempre está en el aquí y el ahora: tu respiración.

Cuando respiras de manera consciente, puedes encontrar algo de calma por un momento. En tu respiración tienes un aliado que te ayuda a cultivar una mente ligera. Respirar es soltar los pensamientos y sentir esa paz interior que todos llevamos dentro.

Inténtalo.

En este momento, deja de leer y respira.
Cuando llegue un pensamiento inútil, respira.
Cuando sientas preocupación, respira.
Cuando haya tristeza en ti, respira.
Cuando haya enojo en tu mente, respira.
Cuando las cosas no vayan bien, respira.
Cuando las cosas vayan genial, respira.
En los momentos más cotidianos, respira.
Siempre que puedas, respira.

«INHALANDO CALMO
MI CUERPO Y MI MENTE.
EXHALANDO SONRÍO.
HABITANDO EL MOMENTO
PRESENTE SÉ QUE ESTE ES
EL ÚNICO MOMENTO.»

THICH NHAT HANH

DEJA DE COMPARARTE CON LOS DEMÁS

Uno de los problemas más dañinos para los seres humanos es nuestra tendencia a compararnos con los demás. Esto normalmente nos afecta en dos sentidos:

1. Cuando nos comparamos con alguien que consideramos mejor que nosotros, nos sentimos mal porque vivimos con la idea de que no somos suficientemente buenos, exitosos, guapos, ricos, minimalistas, etcétera.

2. Cuando nos comparamos con personas que consideramos menos que nosotros, nos sentimos superiores, mejores, grandes. Esto sólo nos hace daño porque nos aleja de sentir empatía y conexión con las personas que nos rodean.

Compararte con los demás no tiene sentido, porque cada persona tiene una vida y una historia única. Ninguna comparación es justa, por el simple hecho de que todos somos diferentes.

Deja de compararte con los demás. Inspírate de otras personas, pero dedícate a vivir tu propia historia, tu propio camino, tu propio minimalismo. Sé feliz sin estándares. Deja que los demás vivan como tengan que hacerlo y tú encárgate de disfrutar tu propia experiencia.

Siempre que te des cuenta de que te estás comparando, nótalo y considéralo un pensamiento inútil. Déjalo ir y enfócate en lo que es importante para ti.

La vida se vuelve mucho más ligera cuando dejas de compararte.

«DATE CUENTA DE QUE ESTE VIAJE ES ÚNICAMENTE TUYO Y DE NADIE MÁS. NO PUEDES IMITAR A OTRA PERSONA Y AL MISMO TIEMPO SER FIEL A TI MISMO. ¿ESTÁS PREPARADO PARA HONRAR TU FORMA ÚNICA DE SER?»

JON KABAT-ZINN

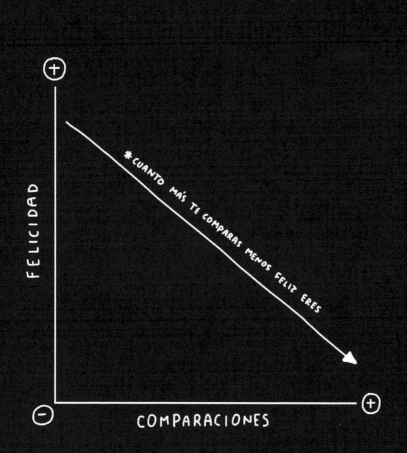

DEJA DE COMPARARTE CON LOS DEMÁS
Y EMPIEZA A ENFOCARTE EN TU PROPIO CAMINO

UN ÚLTIMO CONSEJO

Antes de terminar este capítulo, me gustaría compartir una recomendación final. Quizá la más importante de todas:

Sé paciente y amable contigo mismo.

Cuando yo empecé a simplificar mi vida, hubo momentos en los que no la pasé bien debido a que fui muy duro conmigo. Me sentía mal por no tener mis espacios 100% depurados, me sentía culpable cuando compraba algo innecesario, me auto-regañaba por distraerme constantemente y me desesperaba cuando mi mente no era tan ligera como yo quería que fuera. Con el paso del tiempo descubrí que esta forma de ser no me estaba llevando a nada bueno. En lugar de vivir más ligero, estaba viviendo más pesado por esforzarme demasiado en vivir ligero.

Hoy sé que la mejor forma de cambiar es poco a poco. Con un balance entre la paciencia y la constancia. Entre la amabilidad y la disciplina.

Si al terminar este libro decides emprender un camino hacia una vida más simple, recuerda ser paciente y amable contigo mismo.

No intentes cambiar de la noche a la mañana. No te recrimines nada. Avanza a pasos firmes, pero sin prisa. No busques que todos a tu alrededor cambien también.

Simplifica con amor y verás que todo se vuelve ligero desde el primer día.

SIMPLIFICA
CON AMOR
Y PACIENCIA

¡ YA CASI TERMINAS EL LIBRO*!

AHORA PUEDES PASAR A:

RETOS MINIMALES

IDEAS PARA UNA VIDA SIMPLE

* RECUERDA QUE ESTE LIBRO ES UNA GUÍA.
PROCURA VOLVER A LEERLA <u>DURANTE</u> TU PROCESO
DE SIMPLIFICACIÓN.

CAPÍTULO 6

RETOS MINIMALES: DE LA TEORÍA A LA PRÁCTICA

¡A SIMPLIFICAR!

Es posible que ya hayas llevado a cabo algunas de las recomendaciones que te hice a lo largo de los capítulos anteriores. También es posible que hayas terminado de leer el libro, pero todavía no pones manos a la obra. Cualquiera que sea el caso, en esta sección encontrarás pequeños retos que te ayudarán a simplificar un paso a la vez.

Elige el reto que más te guste o el que más fácil te parezca. Recuerda regresar a los capítulos del libro para encontrar inspiración o resolver cualquier duda.

Reto #1: Depura un espacio pequeño

Elige cualquier espacio que creas que necesita una depuración y empieza a simplificar. Puede ser un cajón, un librero o un estante. Recuerda cuestionar profundamente el propósito de cada pertenencia. Te recomiendo poner tu música favorita para disfrutar el momento.

Reto #2: Vende algo que no necesites

Todos tenemos algo de valor que ya no usamos ni necesitamos. Encuentra algo de lo que puedas deshacerte. El objetivo principal de este reto no es ganar dinero (aunque a nadie le viene mal), sino sacar de tu vida algo que no harías de otra manera.

Reto #3: Depura tu ropa

Éste es uno de mis retos favoritos. Saca toda la ropa de tu clóset y tus cajones. Revisa cada prenda y quédate sólo con aquellas que realmente usas y te gustan. Evita conservar ropa que sabes que no vas a usar.

Reto #4: Depura objetos de valor emocional

No tienes que deshacerte de todo. Simplemente revisa esos objetos que guardas sólo porque te traen algún recuerdo o alguien te los regaló. Identifica si tienes algo que podrías eliminar. Deja el pasado atrás y muévete hacia adelante. ¡Verás que es muy liberador!

Reto #5: Un mes sin comprar

¿Serías capaz de no comprar nada que no sea indispensable durante un mes? Ponte a prueba. Puedes comprar comida o cualquier cosa que realmente necesites. Pero evita comprar cualquier cosa que no sea 100% esencial. Hazlo con curiosidad, como un juego, como un experimento.

Reto #6: Una semana sin información

Intenta ver qué pasa si durante una semana no consumes noticias, ni artículos, ni televisión, ni nada. Descubre cómo te sientes. ¡Es sólo una semana! Intenta usar tu tiempo en cosas más proactivas como caminar, cocinar, ayudar a tu comunidad o hacer algo creativo.

Reto #7: 15 minutos de monotasking

Dedica 15 minutos de tu día a hacer una sola tarea sin cambiar de actividad. Pon un cronómetro y desconéctate de Internet. No hagas nada que no sea la tarea correspondiente. Este reto es ideal para avanzar en ese proyecto que llevas tiempo posponiendo.

Reto #8: Renuncia a una meta

¿Tienes alguna meta que te está impidiendo avanzar en otras más importantes? ¡Elimínala! Date la oportunidad de simplemente posponerla o dejarla de lado. Utiliza ese tiempo y energía en llevar a cabo una meta más valiosa y con mayor impacto.

Reto #9: Un mes de decir "no"

Pon a prueba tu honestidad durante un mes. Atrévete a decir "no" a esas invitaciones que en el fondo no quieres aceptar. Recuérdatelo todos los días diciendo: "No diré 'sí' cuando mi corazón diga 'no'".

Reto #10: No hagas nada por 10 minutos

Haz un espacio en tu día para —literalmente— no hacer nada. Siéntate por ahí o camina en silencio. No tienes que hacer nada. Tan solo relájate y disfruta.

Reto #11: Una semana de gratitud

Es común andar por la vida sin apreciar todo lo bueno que tenemos. Intenta lo siguiente: todas las noches, antes de dormir, anota en un papel tres cosas buenas que te pasaron en el día. No tiene que ser nada maravilloso, puedes anotar el simple hecho de haber comido. Hazlo durante una semana y descubre cómo te sientes.

Reto #12: Medita por cinco minutos

¿Alguna vez has intentado meditar? Es una gran forma de depurar tu mente. Siéntate en silencio, dedícate a sentir tu respiración y trata de soltar todos los pensamientos que lleguen a tu cabeza. Distraerse es normal, el ejercicio consiste en regresar a tu respiración una y otra vez. ¡Inténtalo!

MINIMALISMO ES AUTOCONOCERSE

El minimalismo me ha enseñado a conocerme mejor y a ser más honesto conmigo mismo. A lo largo de este proceso de simplificar mi vida, me he dado cuenta de que los humanos (no todos) tenemos una tendencia al autoengaño:

Nos autoengañamos sobre:

- El porqué de lo que tenemos.
- El porqué de lo que queremos.
- El porqué de lo que hacemos.

Creo que muchas de nuestras decisiones tienen una motivación externa, o se basan en razones que no hemos explorado lo suficiente.

Si queremos simplificar nuestra vida, es necesario cuestionarnos a fondo el porqué de nuestras decisiones. Preguntarnos y autoconocernos hasta llegar a lo más profundo.

- ¿Por qué tengo esto realmente?
- ¿Por qué quiero esto realmente?
- ¿Por qué hago esto realmente?

Hacernos estas preguntas nos sirve, no únicamente para descartar cosas de nuestra vida, sino para descubrir algo sobre nosotros mismos.

En mi caso, he aprendido acerca de mis miedos, mis apegos, mis inseguridades y sobre la importancia que le doy a las opiniones de los demás.

Aquí, la buena noticia es que darme cuenta de estos detalles me ha ayudado a liberarme de muchas cosas (materiales y no materiales) y a tomar decisiones más honestas sobre lo que quiero ser, hacer y tener.

Si has decidido adoptar el minimalismo en algún aspecto de tu vida, puedes aprovechar el proceso para cuestionarte cosas y aprender algo sobre ti. Tal vez puedes empezar sencillamente por preguntarte: **¿Por qué quiero simplificar mi vida?**

LIBÉRATE DE LO QUE CREES QUE NECESITAS...
Y ENCUENTRA...
LO QUE REALMENTE NECESITAS

IDEAS SIMPLES PARA UNA VIDA SIMPLE

QUIERO UNA VIDA DE LUJOS

Quiero tener el lujo de vivir sin prisa
de preparar y disfrutar mis alimentos con calma
de dormir lo suficiente
de tener tiempo para contemplar la vida.

Quiero gozar el lujo de ser yo mismo
de no sentir la necesidad de impresionar a nadie
de seguir mis ideales
de hacer las cosas que más disfruto
y poder vivir de ellas.

Quiero vivir con el lujo de no tener miedo
de aceptar lo que venga
de adaptarme a cualquier situación
de no esperar nada
de morir con una sonrisa.

Y sobre todo quiero tener el lujo
más grande de todos:
el lujo de ser feliz ahora... con o sin lujos.

LOS MEJORES LUJOS
SON LOS QUE NO
SE PUEDEN COMPRAR

A VECES NO TIENES QUE DAR EXPLICACIONES

La vida se vuelve más ligera
cuando dejas de dar explicaciones innecesarias.

No siempre tienes que explicar tus decisiones.
No siempre tienes que explicar tus preferencias.
No siempre tienes que explicar tu estilo de vida.

Puedes tomar decisiones
sin responder interrogatorios.
Puedes hacer lo que prefieras sin justificarte.
Puedes vivir como quieras sin explicar por qué.

Deja de dar explicaciones a quienes no lo merecen.
Atrévete a decir "no, gracias" y punto.
Atrévete a decir "porque es lo que prefiero"
sin ahondar más en el tema.
Atrévete a alejarte de la gente
que te interroga sólo por juzgar.

Vive ligero.
Vive deliberadamente.
Vive sin dar explicaciones innecesarias.

MINIMALISMO EN PAREJA

El minimalismo puede ser un tema complicado en las relaciones de pareja.

¿Qué pasa si una persona es minimalista y la otra no? ¿Cómo convivir en armonía si el "grado de minimalismo" no es igual en ambas partes? ¿Cómo compartir un espacio con alguien que piensa distinto en cuanto a la acumulación de pertenencias? ¿Cómo tomar decisiones de compra juntos?

No tengo la respuesta exacta a cada una de estas preguntas. Sin embargo, a lo largo de tres años de vivir con mi esposa (cada quien con una visión distinta del minimalismo) he aprendido algunas cosas que me gustaría compartir.

Este artículo va dirigido a dos posibles perfiles:

1. A quienes son "más minimalistas" que su pareja.
2. A quienes son "menos minimalistas" que su pareja.

Consejos para la persona "más minimalista" de la relación:

1. No trates de convencer a tu pareja

El minimalismo debe ser una decisión personal. Evita obligar o forzar a tu pareja a ser minimalista o a ser "más minimalista" de lo que ya es.

2. Vive el minimalismo a nivel personal

Dedícate a vivir el minimalismo en lo que a ti te concierne. Identifica los aspectos más individuales de tu vida y concéntrate en eso.

3. Inspira con el ejemplo

Deja que tu pareja se dé cuenta de los beneficios que estás experimentando. La mejor forma de contagiar el minimalismo es a través del ejemplo.

4. Respeta las decisiones de tu pareja

Si tu pareja toma decisiones personales que no van de acuerdo a tu filosofía, lo mejor que puedes hacer es respetar esas decisiones. Recuerda que ante todo, eres su acompañante de vida.

5. No te obsesiones

El minimalismo debe ayudarnos a sentirnos libres y felices. No permitas que tu obsesión por minimizar se robe tu tranquilidad. Acepta que algunos espacios no serán tan minimalistas y aprende a estar bien con eso.

Consejos para la persona "menos o cero minimalista" de la relación:

1. Comprende a tu pareja

Tu pareja está viviendo algo que quiere vivir. Dale su espacio y permite que tome sus propias decisiones. No intentes convencerla de abandonar su propósito.

2. No sientas la obligación de minimizar

Si este estilo de vida no te convence del todo, no tienes por qué sentir el compromiso de adoptarlo. El minimalismo debe ser una decisión propia y auténtica.

3. Mantén una mentalidad abierta

El hecho de que no compartas las mismas opiniones que tu pareja no quiere decir que no puedas escuchar sus ideas. Date la oportunidad de ver las cosas desde su perspectiva manteniendo una mente flexible.

Consejos para ambos:

Cuando se trata de tomar decisiones que conciernen a ambas partes, pueden utilizar estas preguntas como punto de partida:

¿Cuáles son sus prioridades como pareja?

Evalúen qué es prioritario en la relación, qué es más importante, cuáles son sus objetivos a mediano y largo plazo.

¿Qué tiene sentido para ustedes?

Definan qué tiene sentido para la relación, qué es lo que más nutre su vida y su bienestar tanto juntos como por separado.

¿Cuáles son sus valores?

Piensen en sus valores, en qué creen, qué define su ética y sus ideales. Esto puede ayudarles a tomar decisiones más conscientes.

BENEFICIOS DE UNA COCINA MINIMAL

La cocina es uno de los lugares en donde mi esposa y yo más disfrutamos el minimalismo. Tener espacios libres y ordenados nos inspira a cocinar saludable y a mantener la cocina siempre limpia.

Para llegar a este punto, lo que hicimos fue depurar hasta quedarnos sólo con los utensilios que realmente usamos y algunas cosas extra (pero no demasiadas). Quizás aún podríamos minimizar más, pero creo que así estamos bastante cómodos.

He aquí algunos beneficios que hemos experimentado al tener una cocina minimalista.

1. Limpiar es fácil

Las superficies casi siempre están libres, así que basta con pasar un trapo para remover el polvo o cualquier mancha. Además, como tenemos pocos platos y cubiertos, es prácticamente imposible dejarlos sin lavar. Si queremos volver a comer, debemos lavar los platos que usamos antes, simplemente porque no hay más (excepto los que tenemos para visitas, pero esos los guardamos por separado).

2. Cocinar es muy cómodo

Nada como cocinar sobre un área despejada y limpia. Al tener pocas cosas, cocinar se vuelve sencillo y agradable. Sin estorbos y con bastante espacio para maniobrar.

3. Todo está al alcance

Los cajones y la alacena están ordenados de tal manera que resulta muy sencillo encontrar cualquier cosa que se necesite. Los utensilios y los ingredientes están siempre a la mano.

4. Dan ganas de cocinar saludable

En una cocina saturada y sucia no se antoja preparar nada sano; al contrario, lo que uno prefiere es comer cualquier cosa rápida y fácil. En cambio, una cocina limpia y ordenada motiva a preparar alimentos frescos y saludables.

5. Inspira a tenerla bonita

El orden llama al orden y la belleza llama a la belleza. Nos gusta mucho nuestra cocina y nos gusta tenerla siempre limpia y ordenada. Rara vez dejamos cosas sucias, simplemente porque nos gusta ver nuestra cocina bonita. Esto se traduce en paz mental y en un hogar feliz.

Echa un vistazo a tu cocina y descubre cómo puedes simplificarla. ¿Tienes cosas que no necesitas? ¿Cosas que no usas? ¿Cosas que podrías eliminar?

Depura y empieza a vivir los beneficios de una cocina minimal.

¿QUÉ ES ESENCIAL EN TU COCINA?

¿QUÉ ES LO QUE REALMENTE NECESITAS PARA CREAR Y COMER COMIDA RICA Y NUTRITIVA?

CÓMO DESPERDICIAR MENOS COMIDA

Durante nuestros primeros meses de casados, era muy común que a mi esposa y a mí se nos echara a perder muchísima comida. ¿La causa? Falta de planeación. ¿Los efectos? Comida desperdiciada y dinero tirado a la basura. Ahora, a través de diferentes trucos y hábitos, hemos logrado mantener el refrigerador y la alacena casi libres de sobras y desperdicios (aún nos pasa, pero muchísimo menos).

A continuación te comparto algunas recomendaciones que quizá te puedan ayudar a gastar menos en el súper, a desperdiciar menos comida y a simplificar tu forma de cocinar y comer.

1. Haz un menú para la semana

Te tomará unos minutos, pero valdrá muchísimo la pena. ¿Cómo funciona? Simplemente escribe qué vas a desayunar, comer y cenar todos los días.

2. Deja días libres

No llenes todo el menú. Siendo honestos, es muy probable que algún día salgas a comer fuera o comas lo que sobró del día anterior. Empieza dejando dos días libres y después vete ajustando.

Lo peor que puede pasar es que te quedes sin ingredientes y tengas que ir al súper de nuevo.

3. Repite desayunos y cenas

Cenar y desayunar lo mismo varios días te ayudará a simplificar tus compras (comprarás menos variedad de ingredientes) y será más fácil hacer el menú porque tendrás que pensar menos.

4. Planea recetas compatibles

Procura pensar en platillos que compartan ingredientes. Por ejemplo, si compras tortillas, planea comer tacos dos veces a la semana, pero cambia el relleno. De esta manera es más probable que te termines las tortillas. Además, ¿quién no ama los tacos?

5. Ten menos recipientes

Si tienes muchos recipientes para guardar comida, guardarás tanta que se quedará olvidada al fondo del refrigerador. En cambio, si tienes poquitos, te verás obligado a rotarlos y a revisar constantemente qué estás almacenando (lo más probable es que encuentres comida que no recordabas).

6. Si puedes, ve varias veces al súper

Esto no es posible para todos, pero una buena idea es hacer súper dos o tres veces por semana y comprar en pequeñas cantidades. Esto además te ayudará a tener ingredientes más frescos.

7. No le tengas miedo a tener poco

Estamos acostumbrados a tener comida extra por si hace falta, pero la verdad es que es más probable que sobre a que se necesite. No te asustes al ver el refrigerador semivacío, si llega a faltar comida, siempre es posible conseguir algo para preparar.

8. ¡Sé realista!

Es muy común querer preparar recetas sofisticadas y comer muy saludable, pero mi consejo es ser realista. Haz tu mayor esfuerzo por comer sano y diferente, pero también sé honesto contigo mismo y compra con base en tu experiencia previa.

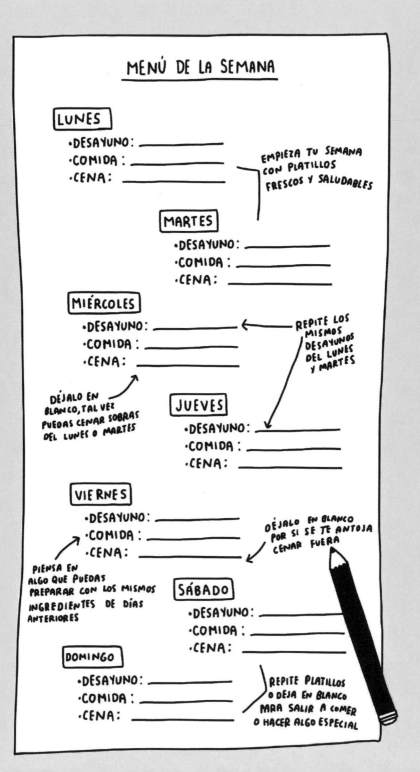

BÚSCATE MEJORES PROBLEMAS

Cuando empecé con el minimalismo como estilo de vida, pensaba que la finalidad de esta filosofía era vivir con menos problemas. No pude haber estado más equivocado.

Hoy me doy cuenta que esto no se trata de erradicar nuestros problemas, sino de enfocarnos en los problemas que realmente importan.

Eliminamos el problema de tener más, para enfrentarnos al problema de ser mejores.

Eliminamos el problema de estar ultraocupados, para enfrentarnos al problema de ocuparnos de lo importante.

Eliminamos el problema de consumir más, para enfrentarnos al problema de contaminar menos.

Eliminamos el problema de tener una gran casa, para enfrentarnos al problema de construir un gran hogar.

Eliminamos el problema de seguir las reglas establecidas, para enfrentarnos al problema de crear las propias.

Tener una vida más simple no significa tener una vida más fácil. Más bien se trata de tener una vida donde la simplicidad es el punto de partida para vivir con más sentido.

Búscate mejores problemas, pregúntate qué problemas quieres dejar de tener y a cuáles crees que vale la pena enfrentarse realmente.

UNA VIDA SIMPLE
NO ES UNA VIDA
SIN PROBLEMAS,
SINO UNA CON
MEJORES PROBLEMAS.

¿QUÉ TIPO DE PROBLEMAS
QUIERES ENFRENTAR?

LA FORMA MÁS SIMPLE DE SER

La forma más simple de ser, es ser tú.

No trates de imitar a nadie.

No busques impresionar a nadie.

Inspírate por otros, pero encuentra tu estilo.

Intenta superarte, pero hazlo a tu manera.

Elimina ídolos y moldes.

Deja de compararte.

Simplifica quien eres.

La vida se vuelve más ligera
cuando dejas de ser alguien más.

CUANDO TRATAS DE SER ALGUIEN MÁS

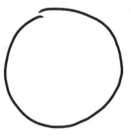

CUANDO ERES SIMPLEMENTE TÚ

MORIR LIGERO

Quiero morir ligero,
sin muchas pertenencias,
sin cuentas pendientes,
sin nada que me pese.

Quiero morir ligero,
libre de remordimientos,
sin cargar mis miedos,
sin apegos a esta vida.

Quiero morir dejando ideas,
acciones, experiencias y amor
... no cosas.

Por eso simplifico,
por eso le busco sentido a lo que hago,
por eso miro hacia adentro,
por eso evito vivir en automático.

Quiero morir ligero
porque al final,
en esta vida,
soy sólo un pasajero.

AGRADECIMIENTOS

Laiza: Por tu amor y por acompañarme en este estilo de vida.

Mamá, Papá, Ale, Kiki: Por ser parte esencial de mi vida.

Mi familia cachanilla: Por el apoyo y las porras.

Mi familia regia: Por hacerme sentir parte.

Lupo: Por ser un perro genial.

Brands&People: Por el apoyo siempre.

Fernanda, Amalia: Por ayudarme a hacer este libro posible.

Leo, Joshua, Courtney, Josh, Ryan, Álvaro: Por la inspiración

A mis lectores y seguidores: Por motivarme a seguir creando.

A ti: Por haber elegido leer este libro.